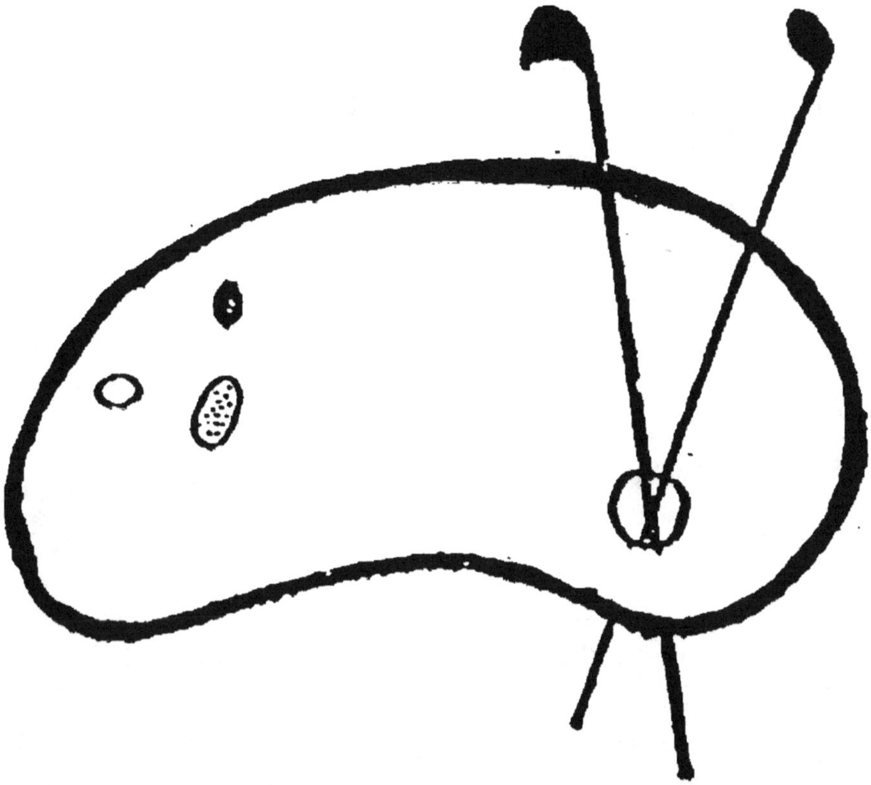

**DEBUT D'UNE SERIE DE DOCUMENTS
EN COULEUR**

8º R
2975

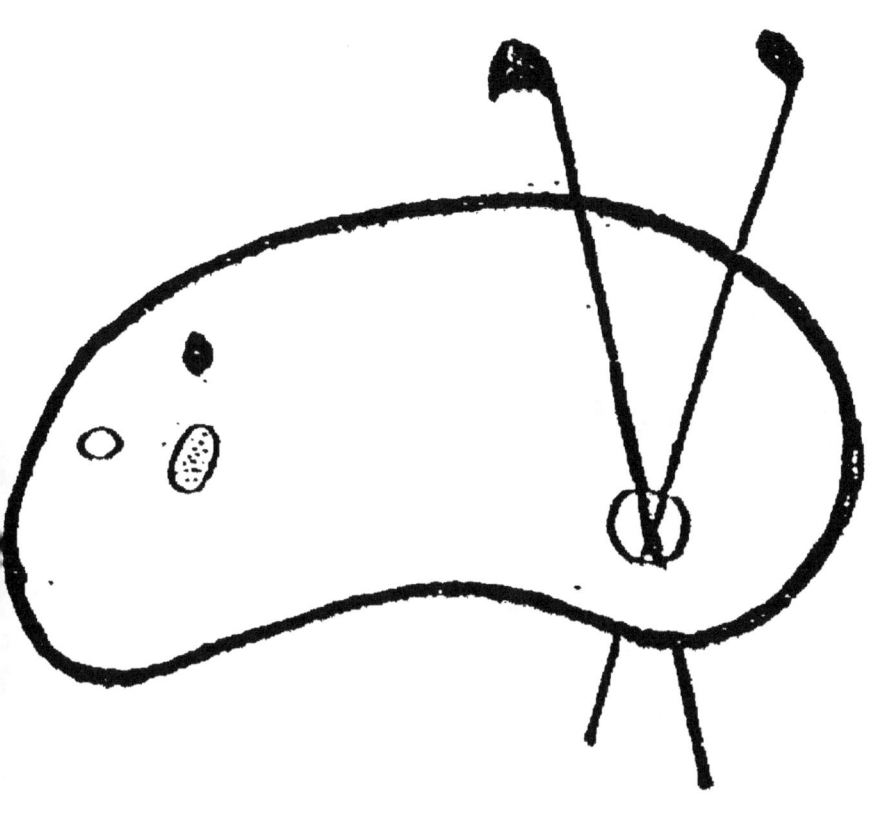

FIN D'UNE SERIE DE DOCUMENTS
EN COULEUR

PREMIER LIVRE
DE L'ENFANCE.

7ᵉ SÉRIE IN-12

PREMIER LIVRE

DE L'ENFANCE

LECTURES INSTRUCTIVES

PAR E. DU CHATENET.

LIMOGES
EUGÈNE ARDANT ET Cie, ÉDITEURS.

PREMIER LIVRE
DE L'ENFANCE

---·❖·---

DU CORPS.

Mes chers petits enfants, vous avez vu le soleil dans le ciel. Qui a placé le soleil dans le ciel? — Dieu.

Pouvez-vous atteindre aussi haut? —

Non. — Qui soutient ainsi le soleil suspendu? — C'est Dieu.

Dieu a sa demeure dans le paradis; le paradis est beaucoup plus haut que le soleil.

Peut-on voir Dieu? — Non.

Cependant il peut vous voir, car Dieu voit toutes choses.

Au commencement,

Dieu a fait toutes choses que vous apercevez, et Dieu prend soin de tout. Dieu vous a fait, mon petit enfant, et toujours Dieu veille sur vous.

Vous avez un petit corps : de votre tête à vos pieds, c'est ce qu'on nomme votre corps.

Placez la main devant votre bouche,

que sentez-vous sortir de votre bouche? C'est la respiration. Vous respirez à chaque instant. En dormant même, vous respirez. Vous ne pourriez vivre sans cela.

Mais qui vous a donné la respiration? — Dieu donne chaque chose. Dieu vous donna ce petit corps, et il l'a fait se mouvoir et respirer. Votre corps a des os. Dieu les fit solides et durs. Il y a des os pour vos bras et des os pour vos jambes; il y a un os pour le dos, et plusieurs os pour les côtés.

Dieu a couvert ces os de chair. Votre chair est douce et chaude.

Dans votre chair, il

y a du sang. Dieu a placé sur la chair une peau qui couvre tout, comme ferait un habit. Maintenant, toutes ces choses, les os et la chair, et le sang, et la peau, se nomment le corps. Comme Dieu est bon de vous avoir donné un corps! Espérons que rien ne blessera votre corps.

Les os sont-ils fragiles? — Oui, ils se casseraient si vous veniez à tomber d'un lieu élevé, ou si une voiture passait sur vous.

Si vous deveniez très malade, votre chair se décomposerait et il vous resterait à peine la peau et les os.

Avez-vous vu quelquefois un enfant qui

a été très longtemps malade ? Moi j'ai vu un enfant malade. Il n'avait pas des joues rondes comme les vôtres, ni un bras grassouillet comme celui-ci. Sa chair s'en était presque allée, et ses petits os n'étaient recouverts que de la peau. Dieu vous a conservé fort et en bonne santé.

Comme ce serait facile de blesser votre corps. Si vous tombiez dans le feu, il se brûlerait; si vous tombiez dans l'eau chaude, il s'échauderait; si vous faisiez une chute dans l'eau profonde et qu'on n'eût pas soin de vous en sortir bientôt, il serait noyé; si un grand couteau perçait votre corps, le sang sortirait; si une grande caisse tombait sur votre tête, votre tête serait écrasée; si vous passiez par la fenêtre, votre cou se casserait; si vous ne preniez aucune nourriture pendant quelques jours, votre petit corps serait très malade, votre respiration s'arrêterait, et vous deviendriez froid, et vous seriez bientôt mort.

Vous voyez que vous avez un petit corps très faible.

Pouvez-vous, tout seul, préserver votre corps d'être malade et d'être blessé?

Vous devez faire vos efforts pour ne pas vous blesser vous-même, mais Dieu seul peut préserver votre corps de tout mal, du feu, de l'eau, des chutes, des contusions et de toute espèce de maladie. Agenouillez-vous et dites à Dieu :

« Je vous en prie, préservez mon pauvre petit corps de tout accident. »

Dieu vous entendra et prendra soin de vous

SOLLICITUDE DE LA MÈRE.

Je vous ai parlé, mon mignon, au sujet de votre petit corps. A-t-il toujours été aussi gros qu'il l'est? — Non. Il a été une fois très petit, certes.

Comment vous appelait-on quand votre corps était fort petit? — Un bébé.

Maintenant vous

pouvez prendre un peu soin de vous-même, mais alors vous ne le pouviez pas du tout. Les bébés marchent-ils, parlent-ils, se nourrissent-ils et s'habillent-ils eux-mêmes? — Non.

Mais Dieu a envoyé quelqu'un qui prit grand soin de vous quand vous étiez bébé? — Qui ça?

Votre chère mère; alors elle veilla sur vous. Elle vous allaita sur ses bras, vous nourrit, vous porta à l'air, vous lava et vous habilla.

Aimez-vous votre mère? — Oui.

Et savez-vous qui vous l'a donnée? — C'est Dieu qui vous envoya une bonne mère.

La veille, vous n'existiez pas. Alors Dieu fit votre petit corps et vous envoya votre mère, qui plus elle vous vit, plus elle vous aima.

Dieu a ainsi créé l'amour de votre mère et il a créé sa bonté pour vous.

Votre tendre mère habilla votre petit corps de langes propres et vous plaça dans un berceau. Quand vous pleuriez, elle vous nourrissait et calmait votre sommeil dans ses bras. Elle vous montrait de jolies petites choses pour vous faire sourire. Elle vous soulevait et vous apprenait à mouvoir vos pieds. Elle vous apprenait à parler, et vous embrassait mille fois, et vous appelait des noms les plus doux.

Votre mère est-elle encore bonne pour vous? — Oui, n'est-ce pas? Pourtant elle se fâche quelquefois. Mais elle souhaite vous voir de bonnes qualités : c'est pourquoi elle gronde quelquefois.

Avec exactitude votre mère vous envoie à l'école, et vous donne à dîner quand vous rentrez à la maison. Je sais qu'elle sera bonne pour vous aussi longtemps que vous vivrez.

Cette mère, rappelez-vous qui vous l'a donnée. Dieu vous envoya une mère chérie au lieu de vous placer dans les champs, où personne ne vous aurait vu et ne vous aurait soigné.

Votre mère peut-elle vous conserver la vie? — Non.

Elle peut vous nourrir, mais elle ne saurait vous faire respirer.

Dieu pense à vous, à chaque instant : s'il vous oubliait, votre souffle s'arrêterait.

Remerciez-vous toujours votre mère de sa tendresse? — Oui, vous lui dites souvent « merci » et quelquefois vous arrondissez vos bras autour de son cou et vous dites : « Que je t'aime, chère mère! »

Ne remercierez-vous pas Dieu de vous avoir donné une mère et de vous conserver la vie ? Vous vous mettrez à genoux et alors vous vous écrierez : « O mon Dieu, que vous avez été bon pour moi! Je vous remercie et je vous aime de tout mon cœur! »

Dieu entendra-t-il ces paroles de remerciement? — Oui, Dieu les entendra et il en sera charmé.

DES SOINS DU PÈRE.

Qui vous habille et vous nourrit? — Votre chère mère.

Mais comment fait-elle pour acheter vos habits et les comestibles? — Le père fournit l'argent.

Et où le trouve-t-il? — Dans son travail.

Votre père travaille tout le jour, il gagne

de l'argent et l'apporte à la maison. Il dit à votre mère : « Achetez du pain avec cet argent, et donnez-en à nos enfants. » Votre père donnera-t-il son argent pour vous acheter du pain? Il a donc une grande bonté. Aimez-vous votre père?

Quand votre père

travaille dans les champs, quelle fatigue!

Qu'est votre père, ma petite Anna? — Il est batteur en grains.

Ah! votre père travaille dur à la métairie. Au printemps il prend sa faux pour abattre l'herbe, et, pour la couper, il se courbe jusqu'à ce que les reins lui fassent mal. Quand le temps est plus chaud il prend sa faucille et moissonne tandis que le soleil brûlant frappe d'aplomb sur sa pauvre tête. Après, il bat le blé, de toute sa force. Dans le temps froid, il suit la charrue tandis que la pluie glacée et la neige tombent sur sa figure. Pourquoi donc fait-il tout cela? Pour que rien ne vous manque et que vous soyez frais et rose. Tandis qu'il laboure, il pense souvent à vous et espère vous trouver bon garçon quand il rentrera. Vous serez heureux de le voir, je le sais. Quelquefois, vous courez à sa rencontre, vous approchez une chaise du feu pour le père, et vous grimpez sur ses genoux. D'autres fois, il est trop fatigué pour vous parler. Alors, vous attendez qu'il ait soupé.

Qu'est votre père, Mary? — Un berger.

Votre père surveille le troupeau tout le long du jour. Bien souvent il se lève, dans la nuit, pour soigner les jeunes agneaux et la brebis malade.

Quel bon père Dieu vous a donné, mes enfants!

Tout d'abord, qui a inspiré cet amour à votre père? — Dieu.

Votre père vous aime tant, qu'il vous donne tout ce dont vous avez besoin. Il a une petite maison, il paie l'impôt, et il vous permet d'y vivre avec lui. Il vous laisse asseoir sur l'une de ses chaises ou sur un tabouret près d'un bon feu, et il vous donne de son déjeuner, de son dîner et de son souper.

Si votre père venait à mourir, que seriez-vous? — Vous seriez orphelin.

Votre père peut-il

mourir? — Oh! oui, beaucoup d'enfants n'ont pas de père. J'ai connu un petit enfant dont le père tomba du haut d'une grande échelle et se tua. Le père d'un autre reçut un coup de pied de cheval et mourut. Un autre creusait un trou profond, et sa respiration cessa. Enfin, il en est qui deviennent malades et meurent.

Votre père peut mourir sans doute, mais Dieu peut aussi lui conserver la vie. Il faut prier Dieu de la lui conserver. Dites chaque matin : « Mon Dieu, je vous en prie, faites que mon père rentre, ce soir, sain et sauf à la maison ! »

Si Dieu laissait mourir votre père, vous auriez encore un Père. A qui vous fais-je penser? Que dites-vous dans votre prière?

— Notre père qui êtes aux cieux

Oui, vous avez un père dans le ciel, comme vous en avez un à la maison. Dieu est votre père. Ce père céleste peut-il mourir? — Non, jamais

Vous aime-t-il? — Oui.

Il vous aime plus même que votre père. Il pense toujours à vous. Il vous regarde toujours. Il partage avec vous et serait heureux de vous voir un jour à côté de lui dans le ciel.

Il aime votre père

aussi. Il est le père de votre père.

Récapitulons maintenant tout ce que vous a donné le bon Dieu, votre père céleste.

1. Un père qui, pour vous, travaille.

2. Une mère qui vous soigne.

3. Une maison où vous demeurez.

4. Un lit pour dormir.

5. Du feu qui vous réchauffe.

6. Des vêtements.

7. Votre nourriture.

8. La respiration à chaque instant.

L'AME.

Dieu a-t-il eu de la bonté même pour les chiens? Leur a-t-il donné des corps? — Oui.

Ont-ils des os, de la chair, du sang et de la peau? — Oui.

Le chien a un corps aussi bien que vous; ce corps est-il semblable au vôtre? — Non.

Combien de jambes avez-vous? — Deux.

Le chien, combien en a-t-il? — Quatre.

Avez-vous des bras?
— Oui, deux.

Le chien en a-t-il?
— Non, il n'a ni bras ni mains, il a des jambes en place. Votre peau est douce au toucher, celle du chien est couverte de poils.

Et le chat a-t-il un corps comme le vôtre?
— Non, il est couvert de fourrure.

Et les petits poulets, combien ont-ils de jambes? — Deux.

Et vous aussi; mais ces jambes sont-elles comme les vôtres? — Non, les poulets ont des jambes menues, noires, avec des griffes au lieu de pieds.

Sur votre corps avez-vous des plumes? Avez-vous des ailes? Votre bouche ressemble-t-elle au bec de l'oiseau? Le poulet a-t-il des dents? Non, le corps du poulet n'est pas du tout semblable au vôtre. Cependant, le poulet a un corps, lequel a de la chair, des os, du sang et de la peau.

Une mouche a-t-elle un corps? — Oui, elle a un corps noir, six jambes noires, et deux ailes transparentes. Son corps n'est pas du tout comme le vôtre.

Qui donc a donné des corps aux chiens, aux chevaux, aux poulets, aux mouches? Qui leur donne la vie?

A chaque instant, Dieu pense à toutes ses créatures.

Un chien peut-il remercier Dieu? — Non, chiens et chevaux, brebis et vaches, ne peuvent remercier Dieu.

Pourquoi ne le peuvent-ils? Est-ce parce qu'il leur manque la parole? — C'est parce qu'ils sont privés de raison. Ils ne peuvent penser à Dieu, entendre Dieu, comprendre Dieu. Pourquoi ça? — Parce qu'ils n'ont pas des AMES, ou des esprits, comme vous.

Avez-vous une âme? — Oui, dans votre corps il y a une âme qui ne mourra pas; votre âme vous fait penser à Dieu.

Lorsque Dieu fit votre corps, il y plaça une âme. En êtes-vous heureux? Lorsqu'il créa les chiens, il ne plaça pas une âme dans leurs corps, et ils ne songent point à Dieu.

Votre âme est-elle visible? — Non, je ne puis la voir. Personne ne la voit, excepté Dieu. Il sait ce que vous pensez dans ce moment.

Lequel vaut le mieux, de votre âme ou de votre corps? — Votre âme est de beaucoup ce qui vaut le

mieux; et pourquoi?
— Votre corps est mortel, votre âme ne mourra jamais.

Dirai-je de quoi est fait votre corps? — De poussière. Oui, c'est avec de la terre que Dieu fit la chair et le sang.

Et votre âme? — L'âme, ou esprit, est un souffle de Dieu.

Voilà un petit chien

qui mourra un jour : son corps sera jeté au loin. Le chien est fini quand son corps n'existe plus. Mais quand votre corps meurt, votre âme survit et tout ne finit pas en vous.

Qu'arriverait-il si vous veniez à mourir? — On vous placerait dans un trou sous le gazon, mais votre âme n'y suivrait pas le corps. Un baby a toujours une âme, ou esprit.

Un jour, je passais dans la rue et je vis un homme portant une boîte. Beaucoup de personnes l'accompagnaient en pleurant. Il y avait un enfant mort dans cette boîte. L'âme du baby y était-elle? — Non, son âme était montée vers Dieu. Ne remercierez-vous pas Dieu de vous avoir donné un esprit? Ne lui demanderez-vous pas de prendre cet esprit avec lui quand votre corps mourra? — Dites à Dieu :

« Je vous en prie, que mon âme soit avec vous lorsque mon

corps rentrera dans la poussière! »

Votre corps périra et redeviendra poussière, mais votre âme ne périra jamais.

LE MONDE.

Nous habitons le monde.

C'est très beau. En haut, le ciel bleu, en bas le gazon vert. Le ciel est comme un rideau développé sur notre tête, le gazon un tapis sous nos pieds, et le brillant soleil est l'admirable lampe qui nous éclaire. Que Dieu est bon d'avoir fait le monde splendide et de nous permettre d'y habiter.

Dieu était dans le ciel, entouré de ses anges, lorsqu'il créa le monde.

Le Fils de Dieu était avec lui, — car Dieu a toujours eu un Fils semblable à lui. — Le nom de ce Fils est Jésus-Christ. Il est aussi bon et aussi grand que Dieu son Père; le Père et le Fils sont Dieu : ils sont et seront toujours ensemble et ils aiment chacun de nous au suprême degré.

La très sainte Trinité forme trois personnes distinctes : le Père, le Fils et le Saint-Esprit, qui n'ayant qu'une même nature divine, ne sont qu'un seul et même Dieu.

Comment Dieu créa-t-il ?

Par la parole. Au commencement, Dieu fit la lumière. Il dit :

« Que la lumière soit, » et la lumière fut. Qui pourrait ainsi créer, en parlant? — Dieu fit toutes choses de rien. Il n'eut qu'à parler, et la lumière vint.

Ensuite Dieu fit l'air. Vous ne pouvez voir l'air, mais vous le sentez. L'air est partout. Souvent vous entendez son bruit lorsque le vent est violent : le vent et l'air.

Dieu plaça de l'eau au-dessus de l'air. Les nuages sont pleins d'eau, et si elle tombe, nous avons la pluie.

Dans un abîme, il en plaça aussi. Il n'eut qu'à parler et l'eau se précipita dans ce trou immense qui s'appela « la mer. »

La mer est grande;

DE L'ENFANCE.   59

toujours elle monte et descend, et s'agite ainsi d'elle-même ; mais elle ne peut franchir les limites que Dieu lui donna; car Dieu a dit : « Ne va pas plus loin! » Si le vent est fort, la mer rugit avec un bruit terrible.

Dieu fit pour nous cette étendue sans eau où nous marchons, et qui s'appelle la terre. Nous ne pouvons ni bâtir des maisons, ni marcher sur la mer. Mais la terre est solide, ferme et sèche.

Maintenant que je vous ai raconté comment Dieu créa ces cinq choses, « la lumière, l'air, les nuages, la mer et la terre, » adressons-lui nos prières pour le louer de ce monde si grand et si beau.

Lorsque Dieu créa la terre, elle était nue. A sa voix, toutes choses en sortirent.

Les arbres parurent couverts de feuilles vertes aux formes variées : les chênes, les ormes, les hêtres et d'autres chargés de fruits, comme les pruniers, les pommiers, les orangers, les figuiers.

Les légumes naquirent aussi : les pommes de terre, les haricots, les choux, les laitues.

Les grains apparurent et les céréales : je veux dire le blé, l'orge, l'avoine. Les épis de blé fléchissent quand ils sont mûrs et deviennent jaunes comme de l'or.

Au milieu du tendre gazon qui ornait la terre, se montraient des fleurs admirablement peintes et parfumées : le bouton d'or, le lis blanc, la violette bleue, et la rose, supérieure à toutes les fleurs.

Le monde était fort beau ainsi couvert

d'herbes et d'arbres. Dieu et les anges seuls virent cette beauté.

Puis, Dieu plaça le soleil dans le ciel et lui commanda de briller, tout le jour, d'une extrémité du monde à l'autre. La nuit, ce fut le tour de la lune, et alors il couvrit le ciel d'étoiles.

Avez-vous jamais rien vu de plus éclatant que le soleil? Il est très grand, mais son éloignement nous le fait paraître petit. Il ne peut tomber, étant suspendu par la volonté de Dieu.

Retenez ces vers sur le soleil et son auteur:

« On dit que ce brillant soleil
Est un effet de ta puissance ;
Que, dans les airs, il se balance
Comme une lampe de vermeil. »

La lune n'a pas le même éclat que le soleil : Dieu la fit pour la nuit sombre, mais de telle sorte que nous puissions reposer et dormir.

Qui pourrait compter les étoiles? — Personne excepté Dieu. Il sait leurs noms et leur nombre. Si nous regardons le firmament, nous pensons à l'infinie grandeur de Celui qui pourtant prend soin des petits oiseaux et protège les petits enfants.

Tout ce que Dieu avait fait jusqu'à ce moment, ne vivait pas. En dernier lieu, il s'occupa d'animer les êtres. Il parla, et les eaux se remplirent de poissons.

Il y en eut de très petits et de très grands. Avez-vous entendu parler de la grande baleine? C'est un poisson aussi long que l'église. Les poissons sont froids, ils n'ont pas de pieds, ils ne peuvent ni chanter ni parler.

Hors de l'eau, Dieu créa plus beau que les poissons. Je veux parler des oiseaux qui perchent sur les arbres et chantent au milieu du feuillage.

Les oiseaux ont des ailes et sont revêtus de plumes colorées. Le robin a la gorge rouge; le chardonneret a des plumes jaunes, et le geai en a de bleues; mais le paon est le plus beau des oiseaux. Il a une petite touffe sur la tête, et par derrière une longue queue qui balaie le sol : souvent il soulève ses plumes et les étale en large éventail. La grive, le merle et le linot chantent agréablement : mais le plus ravissant des oiseaux chanteurs est le rossignol. C'est la nuit, dans les bois, qu'on entend le rossignol, alors que tous les autres ont cessé leurs chansons.

Des oiseaux nagent

sur l'eau; ce sont les oies, les canards, et le cygne superbe avec son long cou et son plumage blanc comme la neige.

Il y a des oiseaux très grands. L'autruche a la taille d'un homme. Elle ne vole pas, mais elle court très rapidement.

L'aigle bâtit son nid sur les hauteurs. Ses

ailes sont puissantes et il s'élève jusque dans les nuages.

Un oiseau bien doux, c'est la colombe. Elle est solitaire et gémit plaintivement comme sous le poids d'une tristesse

Je ne puis vous dire, ici, les noms de tous les oiseaux dont vous connaissez bien des espèces.

D'autres sortes de créatures vivantes sont les insectes. Dieu les fit sortir de terre et ils ne ressemblent ni aux oiseaux ni aux poissons. Les insectes sont petits et rampent sur la terre : telles sont les fourmis. Quelques-uns volent, comme les abeilles et les papillons. Les abeilles recueillent le suc des fleurs pour en faire de la cire et du miel. Comme le papillon a des ailes pimpantes! elles ont des plumes trop petites pour être vues.

Tous les insectes étaient charmants lorsque Dieu les créa.

Enfin, Dieu créa les animaux, les bêtes.

Elles sortirent de terre, à sa voix. Elles

marchent sur la terre et la plupart d'entre elles ont quatre jambes. Vous savez les noms de beaucoup de bêtes. Les brebis, les vaches, les chiens, les chats sont des bêtes. Il y en a de tant de sortes.

L'écureuil qui saute de branche en branche, le lapin qui se blottit sous le gazon, et la chèvre qui grimpe au sommet des rochers; le cerf avec sa belle ramure, le lion avec sa crinière fauve, le tigre, dont la peau est rayée de bandes.

L'éléphant est le plus grand des animaux, le lion le plus fort, le chien le plus doué d'intelligence, le cerf le plus beau, et l'agneau le plus doux.

La colombe, chez les oiseaux, et l'agneau, chez les bêtes, se distinguent par leur douceur.

Voilà donc que Dieu a rempli le monde de créatures vivantes, et aucune d'elles n'était alors nuisible.

Rappelons les quatre espèces dont je viens de vous parler : 1° les poissons ; 2° les oiseaux; 3° les insectes; 4° les bêtes.

Toutes ces créatures ont des corps, mais pas une âme. Elles se meuvent et respirent. Dieu pourvoit à leur nourriture : sa bonté est immense, et sa puissance est infinie.

LES DOUZE MOIS.

Dans une année il y a douze mois, ce sont :

Janvier, Février, Mars, Avril, Mai, Juin, Juillet, Août, Septembre, Octobre, Novembre et Décembre.

Il y a trois cent soixante-cinq jours dans l'année.

LES JOURS DE LA SEMAINE.

Il y a sept jours dans une semaine, ce sont :

Lundi, Mardi, Mercredi, Jeudi, Vendredi, Samedi et Dimanche.

On travaille pendant les six premiers jours, et le dimanche on se repose, parce que le bon Dieu a créé le monde en six jours et s'est reposé le septième.

LES SAISONS.

Il y a quatre saisons :

Le Printemps, l'Eté, l'Automne et l'Hiver. Au printemps, on voit naître les feuilles et les fleurs. L'été fait mûrir les fruits et les blés. En automne, on fait les récoltes. En hiver, il fait froid, la neige tombe, la glace couvre les rivières.

L'ARC-EN-CIEL.

La pluie cesse de tomber, vous pouvez sortir, mes enfants; regardez, voici l'arc-en-ciel, comptons les couleurs, il y en a sept: violet, indigo, bleu, vert, jaune, orangé, rouge.

Il s'efface peu à peu, on n'en voit plus qu'un petit coin.

LES HEURES.

Dans une journée il y a vingt-quatre heures, douze heures pendant lesquelles il fait jour, douze heures pendant lesquelles il fait nuit; le milieu du jour est midi; le milieu de la nuit, minuit.

Dans une heure il y a soixante minutes, et dans une minute soixante secondes.

LA JOURNÉE.

Le matin, quand on se lève, on fait d'abord sa prière, puis après s'être lavé les mains et la figure, on va dire bonjour à son papa et à sa maman, on les embrasse, après quoi l'on peut aller déjeuner.

—Que mangez-vous le matin?

— Je mange du café au lait, et vous?

—Moi, je mange du chocolat à l'eau, mais mon frère préfère la soupe. Quand nous ne sommes pas sages, nous avons du pain sec.

Après le premier déjeuner, je lis, j'apprends à compter, à écrire, à réciter des fables. Cela dure jusqu'à midi, heure de notre second déjeuner. A une heure, ma mère nous emmène promener ma sœur et moi, nous jouons à la corde, à la balle, au volant, au cerceau, à courir, à cache-cache, puis nous rentrons à trois heures et nous goûtons. Nous travaillons encore un peu jusqu'au dîner, qui a lieu à six heures.

Après le dîner, nous jouons avec notre papa, et à huit heures nous allons nous coucher.

— Moi, je n'ai ni

frère, ni sœur je m'ennuie souvent; je voudrais bien en avoir pour jouer avec moi.

— Quelquefois les frères sont taquins; la semaine dernière, le mien m'a cassé ma corde et a perdu le bâton de mon cerceau. Cela m'a bien contrarié.

— Pourquoi ne te

remplace-t-il pas ces joujoux?

— Parce qu'il n'a pas d'argent pour en acheter.

— Cela ne fait rien; malgré les inconvénients que cela peut avoir, j'aimerais mieux avoir des frères que d'être seul.

PETITS CONTES.

—

L'ENFANT ET LES PÊCHES.

Le petit Auguste alla un jour chez un enfant de son âge pour le prendre et l'emmener à l'école. Il ne vit personne dans la maison; en regardant de tous côtés il aperçut un panier de pêches sur une table.

— Les beaux fruits! s'écria-t-il : et ses mains suivaient déjà ses yeux; il allait prendre une de ces pêches qui lui faisaient tant d'envie.

— Mais non, dit-il en se reprenant aussitôt; cela ne serait pas bien. Je n'ai pas le droit de toucher à ces fruits, et, quand les hommes ne me verraient pas, Dieu me verrait.

A ces mots il laisse le panier et veut sortir avec la douce joie d'avoir résisté à une forte tentation.

—Ecoute, Auguste! cria derrière lui une voix qui partait d'un coin de la chambre. L'enfant, qui s'était cru seul, se retourna tout effrayé : il vit alors un vieillard assis dans un fauteuil, et qu'il n'avait pas remarqué à cause du poêle qui le cachait.

— Tu es un honnête enfant, lui dit ce vieillard, et je vois que tu as la crainte du Seigneur; il t'en récompensera lui-même un jour si tu gardes avec soin dans ton cœur ces pieux sentiments : en attendant, prends dans ce panier autant de pêches que tu voudras.

LES POMMES.

Tous les vices se tiennent par la main, la gourmandise amène le vol. Philibert était un petit gourmand : de la fenêtre de sa chambre, il voyait de belles pommes dans un jardin près de là. Il succomba à la tentation que l'aspect de ce fruit lui faisait éprouver, et de grand matin il chercha à pénétrer dans le jardin où se trouvait l'objet de sa convoitise. Il découvrit à la haie qui en formait la clôture un petit trou qu'il parvint à agrandir, et y passa avec grande peine en s'égratignant les mains et en salissant ses vêtements. Il arriva enfin auprès du pommier et se hâta de remplir des plus beaux fruits les poches de son habit. Au moment où il allait partir, il vit arriver le maître du jardin, qui se mit à sa poursuite. Comme Philibert courait bien, il parvint à temps au trou de la haie, engagea promptement sa tête et ses épaules; mais, comme l'espace était juste, les poches gonflées de pommes ne purent passer, et le retinrent comme dans un piége.

Le maître du jardin arriva, et après avoir

ri de grand cœur de l'aventure singulière, il reprit ses pommes, fustigea le voleur et lui dit :

— C'est la chose même que tu as volée qui est cause que tu es puni pour ton vol.

LES CAILLOUX.

Floret servait comme garçon chez un marchand d'eau-de-vie; il s'était habitué à en boire de plus en plus, si bien qu'à la fin il consommait chaque jour une demi-bouteille, que son maître lui donnait comme gages. Cette boisson funeste détruisait sa santé; il fut obligé d'appeler le médecin, qui lui dit qu'il périrait bientôt s'il ne cessait de boire de l'eau-de-vie. — L'habitude est trop bien prise, répondit Floret, il faut chaque jour que je vide cette bouteille, je ne puis m'en empêcher.

Le lendemain, le médecin vint et lui dit : J'ai songé à un autre moyen; prenez cette boîte de cailloux, et tous les matins vous en jetterez trois dans votre bouteille. Si vous avez soin d'y laisser et les nouveaux et les anciens, la liqueur cessera de vous être nuisible; mais surtout ne changez pas de bouteille!

Le malade exécuta l'ordonnance, et comme chaque jour sa bouteille contenait moins d'eau-de-vie, il se déshabitua peu à peu de cette funeste boisson, et ne s'aperçut de la ruse du médecin que lorsque la bouteille fut toute pleine de cailloux.

LE SAC DE TERRE.

Un riche propriétaire avait un château accompagné d'un beau jardin, d'un potager et d'un grand parc. A l'extrémité de ce parc, une pauvre veuve avait un petit champ et une cabane, où elle vivait avec son enfant. Le maître du château désirait avoir le petit champ pour arrondir sa propriété, mais la veuve ne pouvait pas le lui vendre, parce que c'était l'héritage de son enfant. Ce méchant homme s'empara un jour de la terre de l'orphelin et ordonna à la veuve de s'en aller. — Je m'en irai sans me plaindre, dit-elle, et je cèderai à votre violence, si vous m'accordez deux grâces : la première, de me laisser remplir un sac de la terre de mon champ; et la seconde, de me le charger sur les épaules. — Eh bien! j'y consens, je te mettrai ton sac sur le dos, et tu t'en iras sans faire de scandale.

La pauvre femme, quand le sac fut plein, dit au riche de le soulever; mais ce fut en vain qu'il fit tous ses efforts, il ne put y parvenir. — Je vois bien, dit-il, que je ne puis tenir ma promesse; le sac est trop lourd pour moi. — Ah! si vous ne pouvez supporter pendant un instant ce qui ne forme qu'une parcelle de mon champ, comment supporterez-vous pendant l'éternité le poids du champ lui-même, qui accablera votre conscience?

Le riche fut effrayé de ces paroles, dont il sentit la vérité; il rendit le champ de l'orphelin et y ajouta quelque chose.

FIN.

TABLE.

Du corps. 5
Sollicitude de la Mère. 17
L'Ame. 40
Le Monde. 53
Les douze Mois. 79
Les Jours de la semaine. 80
Les Saisons. 81
L'Arc-en-Ciel. 82
Les Heures. 83
La Journée. 84

PETITS CONTES.

L'Enfant et les Pêches. 90
Les Pommes. 94
Les Cailloux. 98
Le Sac de terre. 102

FIN DE LA TABLE.

Limoges. — Imp. E. ARDANT et Cie

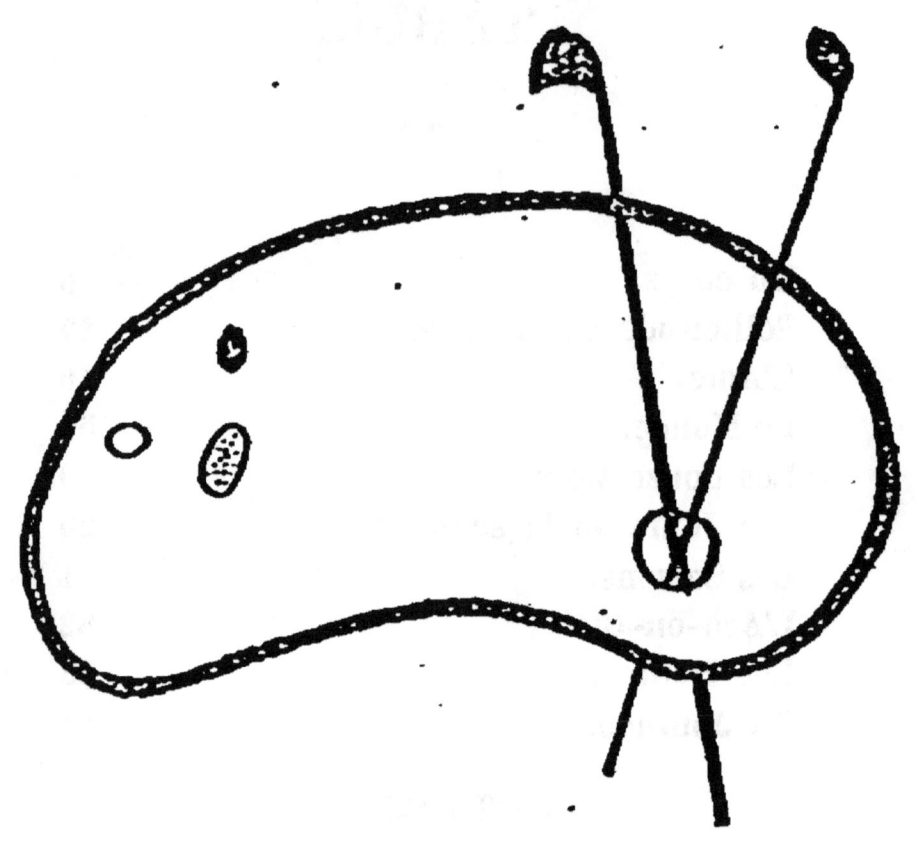

ORIGINAL EN COULEUR
NF Z 43-120-8

www.ingramcontent.com/pod-product-compliance
Lightning Source LLC
Chambersburg PA
CBHW070530100426
42743CB00010B/2032